$EU DINHEIRO VALE MUITO

ELAINE TOLEDO

$EU DINHEIRO VALE MUITO

Os segredos para equilibrar as contas da casa

São Paulo
2010

EDITORA ALAÚDE

1ª edição em agosto de 2010 – Impresso no Brasil

Diretor-geral: Antonio Cestaro
Gerente editorial: Otacília de Freitas
Editora executiva: Ibraíma Dafonte Tavares
Assistente editorial: Leandro Rego Morita
Editor de arte: Walter Cesar Godoy
Editor-assistente de arte: Rodrigo Azevedo Frazão

Revisão: Beatriz C. Nunes de Sousa

Impressão e acabamento: Ipsis Gráfica e Editora S/A

Toledo, Elaine
Seu dinheito vale muito : os segredos para equilibrar as contas da casa / Elaine Toledo. -- São Paulo : Alaúde Editorial, 2010.

1. Administração financeira 2. Finanças pessoais - Planejamento 3. Orçamento 4. Orçamento familiar I. Título.

10-06422 CDD-332.024

Índices para catálogo sistemático:
1. Finanças pessoais : Planejamento : Economia financeira 332.024

ISBN 978-85-7881-048-1

Alaúde Editorial Ltda.
Rua Hildebrando Thomaz de Carvalho, 60
CEP 04012-120 – São Paulo – SP – Brasil
Tel.: (11) 5572-9474 / 5579-6757
www.alaude.com.br
alaude@alaude.com.br

Dedico este livro às mulheres, que,
sabendo da grande influência que
exercem no consumo e na economia,
buscam cada vez mais melhorar a gestão das
finanças pessoais com coragem e disciplina,
por uma vida melhor para toda a família.

SUM
e mapa

ÁRIO

mental

1

O DINHEIRO

O dinheiro nada mais é do que um elemento de troca e deve ser usado para facilitá-la. Trocamos o trabalho diário por dinheiro e isso nos custa nosso tempo de vida, nossa saúde, nosso conhecimento adquirido, nossas habilidades. O dinheiro, portanto, não é um presente, mas algo recebido em troca de trabalho. E o dinheiro fruto de rendimentos, que não nos esforçamos para receber? Foi necessário o esforço inicial de alguém para investir esse dinheiro. E o dinheiro que ganhamos de gorjeta? Na verdade, ele é a recompensa por um trabalho realizado com excelência. Se pensarmos nas mais diversas situações, chegaremos a algum tipo de troca para receber dinheiro – por isso, é preciso valorizar o esforço que fazemos para obtê-lo.

Quando desperdiçamos dinheiro, na verdade estamos desperdiçando o tempo de vida que dedicamos ao trabalho. Ninguém melhor do que você para valorizar seu dinheiro, mas o que podemos fazer para esse capital valer mais?

Na teoria, R$ 50 valem R$ 50 e nos permitem adquirir objetos até esse valor. Não dá para transformar R$ 50 em R$ 100, mas pode-se perceber que o valor do dinheiro oscila de acordo com a situação.

Pensando em centavos: você não gastaria meia hora do seu tempo tentando resgatar três moedas de R$ 0,05 que caíram em um ralo, certo? A não ser que as moedas pudessem causar entupimento, o que geraria transtornos e custos maiores, a reação normal seria deixar para lá.

Agora, imagine deixar pelo comércio R$ 0,15 de troco todos os dias. Isso resultaria em R$ 1,05 por semana, R$ 4,50 por mês,

R$ 54,75 por ano. Se uma loja cometer um erro de R$ 50 no seu troco, com certeza você vai reclamar o valor imediatamente, afinal, são R$ 50. No entanto, não teremos a mesma percepção se essa quantia ficar nas lojas no decorrer de um ano.

É importante percebermos o valor da unidade: tudo se inicia na unidade, e, se não soubermos fazer bom uso dela, com certeza não saberemos fazer bom uso de milhões.

Fazer seu dinheiro valer mais significa dar a ele o seu devido valor em qualquer situação, evitando desperdícios e perdas e mantendo o controle financeiro através de planejamento, negociação e provisões para o futuro.

No decorrer deste livro você verá que isso é fácil e que todas as ações aqui descritas estão ao seu alcance, de forma bem simples.

2

AUTOCONHECIMENTO

"Sabemos o que somos, mas não o que poderíamos ser."
William Shakespeare

Cada um de nós tem características próprias e essas características nos acompanham também nas escolhas e decisões financeiras.

Que tipo de administrador financeiro você é?

Aqui está um perfil que facilitará a administração financeira pessoal. Um bom administrador tem uma vida financeira saudável, sem dívidas, e ainda consegue poupar para realizar sonhos. Sabe o que quer e tem controle de suas emoções para não sair do seu planejamento. Vê o dinheiro como um meio de troca que lhe permite atingir seus objetivos com liberdade de escolha e capacidade de negociação. Dá preferência para pagamentos à vista e utiliza o crédito conscientemente, sem se endividar.

Perfil para quem tem foco em bons resultados financeiros

Independentemente do valor da receita, quem sabe administrar seus recursos tem o segredo do sucesso financeiro.

Controle e organização: Anota os gastos e faz controle diário do dinheiro que recebe e que gasta. Organiza suas contas, evitando pagar juros por esquecimentos.

Racionalidade e eficácia: Analisa sua situação racionalmente e faz o que precisa ser feito caso o resultado obtido não seja o desejado.

Planejamento: Sabe o que quer a curto, médio e longo prazos. Planeja o que vai comprar e, se surgir alguma compra não planejada, analisa se tem condições de gastar sem criar um impacto negativo no orçamento. Com o planejamento das compras, evita pagar juros para ter o que necessita ou deseja.

Proatividade: Faz sobrar dinheiro do orçamento para investir mensalmente ou no prazo que deseja. Se algo dá errado em seu planejamento, toma decisões imediatas para retornar ao caminho que o levará à realização. Busca informações para poder tomar uma atitude ao invés de esperar o que vai acontecer para depois agir.

Administração de riscos: Sabe o limite de riscos que pode correr sem expor seu patrimônio ou suas reservas essenciais a perdas. Todo investimento ou transação financeira traz riscos ou incertezas de ganhos. Os ganhos maiores são para quem assume riscos maiores.

Resistência à frustração: Mantém a disciplina e não se deixa levar pelo emocional. É preciso resistir às frustrações que normalmente nos levam a buscar compensações imediatas no consumo.

Negociação: Sabe valorizar o que possui e busca sempre uma negociação ganha-ganha, ou seja, algo que será bom para ambas as partes.

Foco na solução: Problemas existem e fazem parte de nossa vida. Temos problemas nos relacionamentos pessoais e profissionais, na saúde e também nas finanças. Ter foco na solução encurta o processo e reduz sofrimentos.

Humildade: É humilde para reconhecer quando precisa de ajuda para tomar decisões. Buscar informações com especialistas pode evitar perdas – admitir que não sabe tudo e que errou pode evitar perdas maiores.

Importante: *Não existe ninguém com um perfil 100% favorável. Não somos robôs: somos dotados de razão e emoção. Com base nesses parâmetros, porém, podemos tentar desenvolver o que ainda não temos e melhorar nossa vida financeira.*

③

CONTROLE E ORGANIZAÇÃO

Descontrole financeiro é o motivo de inadimplência de 43,11% dos participantes de uma pesquisa realizada pela Telecheque divulgada em janeiro de 2010.

É certo que em uma família convivemos com diferenças. Um é mais organizado, enquanto o outro é mais resistente à frustração. Busque aquele que reúne mais características favoráveis e que aceite ser o administrador da família para organizar e controlar as contas. As decisões, no entanto, continuam sendo de todos os envolvidos.

Para controlar e organizar, além de disciplina, é preciso:

- Duas pastas: coloque numa delas as contas a pagar por ordem de vencimento. Pode ser uma pasta comum ou uma pasta sanfona com 31 divisões, uma para cada dia do mês, nas quais serão colocadas as contas na data do vencimento. Na outra pasta coloque os documentos pagos e que deverão ser arquivados.
- Uma agenda: será necessária para anotar diariamente contas a pagar, valores a receber e gastos efetuados em dinheiro.
- Uma planilha de orçamento mensal: neste livro trazemos um modelo de planilha para acompanhamento mensal das finanças da família.
- Extratos bancários: no extrato bancário estão as principais informações para alimentar a planilha.

Rotina diária para controle financeiro:

- Consulte a pasta com as contas a pagar e veja se há pagamentos a fazer.
- Tire seu extrato bancário pela internet e salve-o em um arquivo. Não há necessidade de imprimir o extrato, porém, se quiser

fazê-lo, utilize o verso de folhas usadas para evitar desperdício de papel.

- De posse do extrato, faça os lançamentos na planilha de orçamento das contas pagas, débitos efetuados (contas em débito automático, taxas bancárias) e recebimentos.
- Na agenda, marque "ok" nas contas pagas e nos recebimentos efetivados.
- Em seguida, efetue os pagamentos do dia.
- Se fizer saque em dinheiro, anote na agenda o valor da retirada e onde o dinheiro foi gasto, por exemplo: pagamento à diarista, feira, mesada do filho, etc.

EPA! Três passos para a organização financeira

E de enxergar

P de pensar

A de agir

Este método, que foi publicado no livro *Saiba mais para gastar menos – Trabalhando sua inteligência financeira* (Alaúde, 2006), da mesma autora, vem sendo utilizado por milhares de pessoas no Brasil e também no exterior. Os segredos da eficácia do método são a sua simplicidade e sua praticidade.

Aproveitamos esta nova publicação para fazer algumas alterações no "Pensar", colocando aqui novas formas de análise do orçamento.

Enxergar

"Nem tudo o que se enfrenta pode ser modificado, mas nada pode ser modificado até que seja enfrentado."

Helena Besserman Viana

Para tomar qualquer decisão é necessário, antes, enxergar a situação real. Assim como o médico precisa de exames para diagnosticar a doença e receitar o remédio correto, financeiramente falando é preciso enxergar os números reais para poder definir a situação e saber o que precisa ser feito. Existe uma certa resistência em enxergar números que não nos agradam, mas não há forma de mudar uma situação sem ter noção de como ela está, encarando-a de frente.

Para ter dados precisos, vamos usar um coletor de dados, no qual centralizaremos nossas informações. Sempre use sua agenda para anotar os gastos e recebimentos do dia. Se não quiser anotar todos os dias, utilize uma caixa de sapatos ou outra caixa disponível para colocar os comprovantes, tíquetes, canhotos de cheque, recibos, contracheques, enfim, tudo o que for relativo a recebimentos e pagamentos do dia. Deixe um bloquinho ou uma folhinha em branco dentro da carteira e anote os dados das despesas sem comprovante. Semanalmente, coloque essa folha na caixinha.

Uma vez por semana, reserve meia hora do seu dia para transferir para a sua planilha os dados anotados diariamente na agenda ou os dados dos comprovantes da caixa. Para isso, some despesas de mesma natureza. Exemplo: alimentação engloba gastos em açougue, padaria, supermercado (compras de alimentos), feiras livres, laticínios, comidas *delivery*, *fast-food*, restaurantes, etc.

Se você mantiver esta disciplina por quatro semanas, ao final de um mês você saberá exatamente onde gastou seu dinheiro e qual o valor gasto. Você vai enxergar os números reais do seu orçamento, não os imaginários.

Pensar

Vamos enxugar o orçamento fazendo a análise CDE, que é sigla de:

C de Continuar: Despesas que não podem ser alteradas, como condomínio e prestação do imóvel. Essas despesas são as que continuam iguais no mês seguinte.

D de Diminuir: Despesas que devem ser diminuídas no orçamento.

E de Eliminar: Despesas que devem ser eliminadas do orçamento.

Cada despesa do orçamento deverá ser classificada com a letra correspondente.

Na coluna seguinte coloque os novos valores para o próximo mês. *Essa será sua meta de consumo para cada categoria no próximo mês.*

Lembramos que essa análise deve ser feita em conjunto com todas as pessoas envolvidas no orçamento familiar. Por que ela não pode ser realizada por uma única pessoa? Porque quando mexemos nos números do orçamento estamos lidando com pessoas reais. O que para você pode ser insignificante, para o outro pode ser de extrema importância. Então é hora de se reunir e, em consenso, decidir o que deve ser reduzido, o que deve ser eliminado e o que deve ser remanejado.

Exemplo: você percebeu que o valor gasto com celulares está alto demais. É preciso reduzir essa despesa. Deve-se decidir, nessa reunião, qual a quantia que cada um terá de administrar por mês, estipulando um valor individual de acordo com a necessidade. Se fica difícil fazer esse controle com celular pós-pago, mude para pré-pago; assim, cada um pode carregar o valor decidido mensalmente.

Importante: Na prática desde 2006, percebemos que o segredo para conseguir enxugar o orçamento está nessa fase do método. Mesmo sem falar em números, a tomada de decisão é que fará a diferença. A decisão em família, com diálogo e clareza dos fatos e cada um assumindo a responsabilidade de mudar algumas atitudes, é que fará o orçamento acontecer como planejado. Se não houver clareza na hora da análise do que realmente deve ser reduzido ou eliminado, se essas decisões forem impostas e não negociadas, poderão surgir ressentimentos e a execução prática falhará.

Colocar no papel novos valores bem menores, prevendo redução nos gastos, é fácil; o difícil é tornar esses números realidade. Por isso a tomada de decisão no momento CDE é de extrema importância. Se o consumo com celulares está alto, todos terão de usar menos para economizar. Se o consumo de energia está excessivo, é responsabilidade de todos tomar banhos mais rápidos, limitar o uso de TV, videogame e computador e apagar as luzes de ambientes vazios, por exemplo. Os resultados virão se todos os envolvidos estiverem conscientes da necessidade de mudança e enxergarem os benefícios que essas atitudes trarão para o grupo.

A prática desse método é inclusiva e tem o objetivo de aproximar as pessoas num momento de decisão e evitar a dispersão da família em situações de crise financeira. Somente com a união e o enfrentamento será possível reverter quadros de dívidas ou obter sucesso para poupar e investir.

Agir

A Natureza fornece alimento em abundância para os pássaros, porém não coloca esse alimento no ninho.

De nada adiantará enxergar a situação, interpretá-la, ver o que precisa ser feito e não agir. A cada item classificado com D de diminuir ou E de eliminar, associe *ações* a serem realizadas para tirar os números do papel e torná-los reais no próximo mês. Programe essas ações no decorrer do mês em sua agenda para não esquecê-las.

Se você optou por reduzir gastos com combustível, aja de forma que isso ocorra: vá à padaria a pé, use metrô quando for possível, faça um sistema de carona com rodízio entre colegas de trabalho ou faculdade.

Se você escolheu cancelar uma segunda conta bancária, totalmente desnecessária e que só serve pra acumular taxas para pagar todo mês, ligue para o banco e veja que medidas deve tomar para encerrar a conta.

Se você resolveu que o dinheiro economizado com combustível será utilizado para fazer um curso de inglês que vem adiando há anos, pesquise a escola e faça a matrícula.

Busque o seu caminho, use a criatividade. Torne o que está no papel realidade – isso só será possível se você agir.

Orçamento eficaz

"Como uma luz brilhando numa caverna escura, o orçamento deixa a descoberto os vazamentos em suas bolsas, dando-lhes condições de estancá-los e destinar as despesas a propósitos definidos e gratificantes."

George S. Clason
em O homem mais rico da Babilônia

A planilha que você verá na próxima página tem espaço para controle semanal. Crie o hábito de semanalmente passar para esta planilha os dados levantados através do extrato bancário e do controle de gastos em dinheiro. Fazendo controle semanal será possível acompanhar o que está acontecendo com seu orçamento durante o mês. Ao invés de esperar o final do mês para ver o que aconteceu e através de uma atitude reativa fazer algo para mudar, seja proativo e, ainda no decorrer do mês, tome decisões para ter um melhor resultado financeiro.

Alguns cuidados com as anotações:

Despesas com supermercado: Em nosso orçamento são despesas com alimentação. Se você comprou roupa ou algum utensílio no supermercado, pegue a nota e separe os valores: o que é alimentação, o que é roupa e o que é utensílio. Cada um desses itens pertence a uma categoria diferente no orçamento. Se você pagou o supermercado com cartão de crédito, veja a seguir como proceder.

Despesas com cartões de crédito ou com cartões de loja ou de supermercado: Você deve ter observado que nossa planilha não tem coluna de cartão de crédito, justamente para que você lance cada despesa no lugar correto.

Lance os gastos em suas categorias na semana relativa ao vencimento do cartão, e não da data da compra. Exemplo: você pagou o supermercado com o cartão de crédito que vence dia 15 do mês seguinte. Pegue a nota da compra, separe os itens por classificação como na planilha e lance na coluna da semana do vencimento do cartão no próximo mês. Apesar de ter feito a compra neste mês, o pagamento ocorrerá no mês seguinte e deve constar das despesas do respectivo mês. Agindo assim, você terá a visão do que efetivamente foi gasto dentro do mês e iniciará o mês seguinte consciente dos compromissos assumidos para pagar, planejando melhor seus gastos.

Ao final de quatro semanas, some linha por linha e veja o total de cada despesa. Juntamente com os outros familiares, aplique o CDE para definir o que deve ser reduzido ou eliminado.

PLANILHA DE CONTROLE SEMANAL

ORÇAMENTO EFICAZ	Semana 1	Semana 2	Semana 3	Semana 4	Total R$	CDE	Meta para o próximo mês R$
Entradas							
Salários / Bonificações / Comissões							
Aluguéis							
Prestação de serviços							
Retiradas de investimentos							
Empréstimos							
Outros							
Total de entradas							
Saídas							
Aluguel ou prestação do imóvel							
Condomínio							
IPTU / Taxas municipais							
Água							
Luz							
Gás							
Seguro do imóvel / Vigias							
Manutenção predial							
Empregados domésticos							
Outros							
Subtotal casa							
Prestação do carro							
Seguro do carro							
Manutenção mecânica / elétrica							
Licenciamento / IPVA							
Combustível / Lavagens							
Ônibus / Metrô / Táxi							
Subtotal transporte							
Telefone fixo							
Telefone celular							
Internet							
Subtotal telefonia							
Seguro-saúde							
Médico / Dentista / Terapeuta							
Medicamentos							

	Semana 1	Semana 3	Semana 3	Semana 4	Total R$	CDE	Meta para o próx. mês R$
Tratamentos							
Subtotal saúde							
Supermercado / Feira / Padaria							
Açougue / Peixaria / Laticínios							
Restaurantes / Fast-foods							
Outros							
Subtotal alimentação							
Cinema / Teatro / Shows							
Barzinhos / Boates							
Locações CDS / DVDs / Vídeos							
CDS e DVDs							
Passeios / Viagens							
Jornais / Livros / Revistas							
TV por assinatura							
Subtotal lazer							
Roupas / Calçados							
Manutenção de roupas e calçados							
Academia / Esportes							
Cabeleireiro / Estética / Cosméticos							
Presentes							
Outros							
Subtotal pessoais							
Mensalidade escolar							
Materiais , livros e revistas							
Cursos							
Transporte escolar							
Outros							
Subtotal escolas							
Taxas / Juros Bancários							
Anuidade de cartões crédito							
Outros							
Subtotal taxas							
Poupança							
Previdência privada							
Subtotal investimentos							
Total de saídas							
Resultado Entradas-Saídas							

④

RACIONALIDADE E EFICÁCIA

Racionalidade e eficácia significa analisar racionalmente e em seguida fazer o que precisa ser feito.

Resultado do mês

Resultado do mês = Resultado do orçamento do mês

	Valor R$		
Entradas			
Saídas			
Investimentos			
Resultado (Entradas - Saídas - Investimentos)			

Fluxo de caixa

Fluxo de caixa = Resultado do mês + Saldo anterior

	Valor R$		
Saldo anterior			
Resultado do mês			
Fluxo de caixa atual (Resultado do mês + Saldo anterior)			

O resultado do mês nos mostra o resultado dentro do mês sem considerar o saldo anterior.

O fluxo de caixa nos mostra um saldo atual, pois considera o saldo anterior mais o resultado do mês.

Análises

Resultado do mês (+) Fluxo de caixa (-)

Significa que seu saldo anterior era negativo e que você traz dívidas do passado. Ter um resultado do mês positivo significa que você já consegue gastar menos do que recebe. Falta agora criar uma estratégia de forma a sobrar dinheiro para quitar as dívidas.

Resultado do mês (-) Fluxo de caixa (+)

Significa que neste mês você gastou mais do que recebeu e só não ficou no vermelho porque seu saldo anterior era maior do que o valor devedor. Isso muitas vezes acontece com profissionais liberais que têm uma concentração de renda em alguns meses do ano. Prevendo que terão meses nos quais não entrará dinheiro suficiente, reservam uma quantia nos meses de alta para suprir os meses de baixa. Se esse não for o seu caso, fica aqui o alerta de que você ultrapassou sua receita este mês. Enxugue seu orçamento.

Resultado do mês (-) Fluxo de caixa (-)

Sinal vermelho total. Você gastou mais do que recebeu e já trazia um saldo negativo anterior. É hora de aplicar o CDE com toda a seriedade e fazer um esforço intenso para reverter a situação. Caso contrário, a bola de neve aumentará. Se não tem mais como enxugar o orçamento, encontre, com criatividade, uma forma de obter mais dinheiro para poder sair dessa situação. Analise se outro membro da família tem condições de trabalhar para ajudar no orçamento.

Resultado do mês (+) Fluxo de caixa (+)

Este é o resultado ideal para um orçamento. Gastar menos do que recebe e ir acumulando um saldo positivo. É hora de analisar a melhor forma de investir esse saldo e multiplicá-lo para realizar algo que deseja.

Isso não o isenta de aplicar o CDE no seu orçamento para ver se há possibilidade de melhorar ainda mais este resultado, evitando alguns desperdícios. Evite deixar dinheiro sem destino, sobrando na conta – logo você achará onde gastá-lo sem necessidade.

Como enxugar o orçamento

Diante dos resultados e das análises você saberá se precisa ou não enxugar o orçamento.

Reveja como aplicar o CDE ao seu orçamento na página 12, lembrando que:

- Mudanças requerem determinação e comprometimento. É um processo e todos precisam se adaptar. Torne essa fase agradável fazendo aquela pizza deliciosa em casa, reduzindo o custo com *fast-food*. Em vez de ir ao shopping, busque uma atividade ao ar livre num parque próximo e faça algo inusitado nos dias de hoje: um piquenique. Vaidade também não precisa ser eliminada junto com os números. Busque alternativas mais econômicas para a manicure ou a tintura no cabelo.
- As reuniões para decidir sobre o orçamento devem ser objetivas e com foco em soluções. De nada adiantará passar horas discutindo e tentando achar o culpado. Este é o momento de unir forças para atingir um objetivo comum.
- Planejar compras é essencial para manter o controle.
- Preveja no orçamento uma verba para comemorar o sucesso do planejamento. Quando conseguirem cumprir o planejado, comemorem, mas sem exageros.

Equilibre o orçamento
sem destruir relacionamentos.
Mais importante do que valorizar o que tem
é valorizar quem você tem ao seu lado.

Seu patrimônio líquido

Esta informação é muito importante para você saber onde está, ou seja, qual o seu ponto de partida, para depois decidir qual caminho seguir a fim de chegar onde quer.

Comece cada ano fazendo um balanço patrimonial. A diferença entre o que possui e o que deve é chamado de patrimônio líquido.

Ativos = O que tenho	**R$**
Dinheiro	
Saldo em conta bancária	
Caderneta de poupança	
Fundos de investimentos / Tesouro direto / CDB	
Ações	
Bens pessoais (ex.: joias, objetos de arte)	
Casa	
Casa de praia	
Sítio ou fazenda	
Terrenos	
Carro	
Moto	
Direitos autorais	
Outros	
Total de ativos	
Passivos = O que devo	**R$**
Cartões de crédito	
Cheque especial	
Saldo de financiamento imobiliário	
Empréstimos bancários	
Empréstimos consignados	
Empréstimos pessoais	
Empréstimos em financeiras	
Financiamento do carro	
Outros	
Total de passivos	
Patrimônio líquido = Ativos - Passivos	

Ano a ano você acompanha seu patrimônio líquido e faz uma comparação. Mesmo sem ter adquirido novos bens, algum deles pode ter valorizado e aumentado o patrimônio. Ou mesmo com a aquisição de novos bens, pela depreciação de outros, seu patrimônio líquido pode sofrer redução. Enxergando esses valores anualmente, é possível ter uma noção realista do seu patrimônio líquido.

Muitas pessoas se iludem com o status de parecer ter e não calculam o alto custo e o desperdício de dinheiro a que isso pode levá-las. Comprar carro de luxo financiado pode resultar em redução de patrimônio no decorrer do tempo, já que o valor do carro é x (ativo) e o valor da dívida deste carro é $1{,}5x$ (passivo), por exemplo. Melhor seria adquirir um carro básico à vista e, com o valor que se pagaria inúmeras prestações, poupar e investir para depois fazer uma atualização por um modelo melhor. Desse modo, evita-se o custo de juros pagos na compra de um bem depreciável como os veículos. Em contrapartida, a compra de um terreno numa região em expansão pode aumentar seu patrimônio, pela valorização rápida em função do desenvolvimento do local.

Tendo a visão dos números será possível fazer a leitura e tomar decisões mais racionais na hora de comprar um bem ou se desfazer dele.

⑤

PLANEJAMENTO E PROATIVIDADE

Muitas pessoas têm uma postura passiva, ficam à espera de que algo aconteça para sua vida melhorar.

Planejar é ser proativo e é muito simples. Veja o exemplo a seguir.

O que eu quero?	Defina o que você quer. Ex.: Trocar o carro da família.
Por que eu quero?	Pense nos benefícios que terá. Isso motivará você a manter o planejamento ativo. Ex.: Para reduzir custos com manutenção e ter mais conforto para viajar com a família.
Quando eu quero?	Analise um prazo viável dentro da sua realidade. Ex.: Daqui a 24 meses.
Como eu quero?	Quanto maior o detalhamento, mais fácil será levantar o custo do que deseja. Ex.: Um carro flex 2.0, quatro portas, com ar-condicionado, direção hidráulica, vidros e travas automáticas, zero-quilômetro.
O que eu quero está dentro da minha realidade?	Essa pergunta deve ser feita para colocar os pés no chão, evitando planejar algo que esteja muito fora de sua realidade. Caso a resposta seja não, repense o que deseja. Se a resposta for sim, siga com o planejamento.
Qual o custo?	Levando em consideração os detalhes, levante os custos. Ex.: R$ 35.000.

Qual a estratégia para conseguir a verba necessária no prazo desejado?	Relacione aqui, passo a passo, o que deverá ser feito. Ex.: Vender o carro antigo dias antes da compra do carro novo. Valor estimado na venda: R$ 19.000. Durante dois anos, poupar mensalmente R$ 650, aplicando o valor em um investimento de baixo risco e com melhor rentabilidade (pesquisar caderneta de poupança, fundos de renda fixa e CDB). Se necessário, completar a diferença com parte do 13º no primeiro ano para render juros também. Quem recebe extras (como participação nos lucros) pode reservar o dinheiro para compor a diferença, antecipando a troca.

Quais as vantagens de ter um planejamento?

1. Evita o consumo desnecessário, facilitando o depósito mensal na poupança. Quem não tem um planejamento, ou seja, um foco no que deseja, acaba não priorizando a poupança mensal e gasta tudo o que recebe.
2. Evita o pagamento de juros para aquisição de bens de consumo. Sem pagar juros, seu dinheiro rende mais.
3. Permite a negociação na compra com pagamento à vista, gerando mais economia.
4. É flexível e pode ser sempre ajustado a uma nova realidade, antecipando ou prolongando o prazo de aquisição sem gerar impactos no orçamento.
5. Gera sensação de bem-estar, pois permite alcançar o objetivo com economia e sem gerar dívidas.

Planejamentos anuais importantes para evitar descontrole

Férias

Férias sem planejamento é certeza de gastos bem maiores. Escolher com antecedência o lugar para onde vai, prever custos, fazer reservas, negociar preços e determinar gastos extras possíveis pode ajudá-lo a economizar bastante.

Um exemplo: se você vai passar férias no Rio de Janeiro e mora na cidade de São Paulo, há uma empresa aérea que dá descontos para compra de passagens com trinta dias de antecedência; o custo de ida e volta fica em torno de R$ 100 na baixa temporada. A mesma passagem aérea na baixa temporada, comprada na véspera da viagem, custará cerca de R$ 600 ida e volta. O mesmo pode ocorrer com o valor da estadia.

Receitas extras

Muitas empresas pagam anualmente participação nos lucros, 14º salário ou ainda um sistema de bonificação por produtividade. Ou ainda você pode ter uma atividade paralela, como venda de cosméticos, e obter lucros mensais.

São valores extras que podem ser incorporados aos seus ganhos. Não gaste por antecipação e planeje um investimento para colocar esses valores, compondo uma reserva financeira. Administre suas finanças sem contar com esses extras e só se permita usar parte desse dinheiro depois que ele estiver de fato na conta e dentro de um planejamento feito com racionalidade e cautela.

Despesas do início do ano

Todos os anos existem despesas com IPTU, IPVA e licenciamento de veículo, rematrícula da escola dos filhos, gastos com material escolar, passeios e materiais extras que a escola exige e despesas com novos uniformes (já que os filhos crescem e as roupas ficam pequenas). Situações previsíveis, mas que não são planejadas, e quando surgem geram desequilíbrio financeiro.

Presentes

Todos os anos há uma lista de pessoas queridas que fazem aniversário e que costumamos presentear. Há datas comemorativas como dia das mães, dia dos pais, dia das crianças, dia dos avós, Páscoa e Natal.

Os gastos nesses períodos são certos, mas não é feito um planejamento para reservar parte do orçamento a essas despesas. A solução é comprar no cartão de crédito na última hora, sem pesquisa de preços, o que vai impactar as finanças no mês seguinte. Se a fatura do cartão de crédito não couber no orçamento, será paga apenas uma parte, entrando no rotativo, com taxas de juros altíssimas.

Faça uma lista com o nome das pessoas que presenteará e as datas. Coloque na frente de cada nome a sugestão do presente a ser dado. Fique atento à pesquisa de preços e, no caso de uma promoção com redução de preço real daquilo que está na lista, antecipe a compra se tiver recursos.

Data	Nome / ocasião	Sugestão
9/5	Dia das mães	Café da manhã especial preparado pelos filhos, levado na cama com flores e bilhetinhos carinhosos. Custo: R$ 10 para flores e guloseimas.
20/7	Aniversário da amiga	Fazer um cachecol com a cor da moda. Custo: R$ 8 para dois novelos de lã; planeje tempo para tricotar.

Planejando os presentes com antecedência é possível presentear com algo confeccionado por você ou mesmo ter tempo para pesquisar o que a pessoa realmente precisa.

Lembro-me de uma vez que saí para comprar produtos de higiene e minha mãe havia comentado que meu padrasto estava precisando de uma lixa de unha. Ele tinha ido fazer compras e se esqueceu da lixa. Eu trouxe a lixa e, quando ele perguntou quanto era, eu disse que não tinha sentido cobrar. Ele então virou pra mim e disse: “Há coisas caras que a gente ganha e acaba não usando. E há coisas simples que chegam na hora certa e são muito úteis. Obrigado mesmo”. E me abraçou com carinho.

Entendi um recadinho a mais nesse abraço carinhoso. Eu havia sido atenciosa com ele. Para idosos e crianças essa atenção é essencial e vale mais do que presentes caros. Na correria, deixamos de prestar atenção a esses pequenos detalhes que fazem a diferença.

Para amigos de verdade e pessoas que amamos, estar junto partilhando momentos felizes é mais gratificante que receber o presente caro de alguém querido ausente. Tudo bem que é um carinho, mas, no fundo, o que nos deixa felizes são os abraços, a companhia. Sentir que somos queridos por quem amamos é reconhecimento.

Como calcular a reserva?

Para prover um valor mensal para despesas de início do ano e presentes, faça um cálculo. Com base no ano anterior ou atual – se já as pagou este ano –, acrescente 10% como estimativa do valor para o próximo ano dessas despesas. Divida esse valor por doze e encontrará o valor mensal da reserva a ser feita para não se apertar ou ter de utilizar crédito para isso.

Despesa anual	Valor R$
IPTU	1.200
IPVA + licenciamento	1.100
Material escolar	600
Uniformes	200
Presentes de aniversários	500
Presentes em datas comemorativas (mães, pais, Páscoa, Natal)	1.200
Total anual	4.800
Reserva mensal	400

Exemplo:

Ajuste os valores acima para a sua realidade e descubra o valor mensal que deverá poupar para compor essas despesas e não ter de utilizar crédito e pagar juros, aumentando seus gastos. Seu dinheiro vai render mais se conseguir planejar e fazer os pagamentos e compras à vista.

Aumento da família

Sabemos que mais um filho, além das inúmeras alegrias que nos traz, aumenta os custos familiares. Mesmo que você tenha um convênio médico e não vá gastar com hospital, ou que já tenha móveis e outros utensílios do primeiro filho, haverá custos pertinentes à situação. Remédios pós-parto para a mãe, fraldas e leite em pó são custos que chegarão e de início parecem pequenos, mas fazem diferença e geram impacto no orçamento. Se a mãe também trabalha, haverá ainda a despesa com uma creche ou babá. Outro custo será o da educação, que vai dos 6 anos aos 23 anos, mais ou menos. Estar preparado financeiramente para mais um filho ajudará a manter a harmonia familiar.

Segundo pesquisa do Cefipe*, uma família de classe média gasta, em valores atuais, entre R$ 243.000 e R$ 470.000, de acordo com sua renda mensal, para criar um filho até os 22 anos. Na conta incluem-se as despesas mensais com saúde, educação, alimentação, vestuário e lazer. Nos gastos não foram incluídas despesas com habitação e transporte.

Quando colocamos o foco somente nas despesas com educação, vemos que é preciso economizar cerca de R$ 120.000 para garantir estudo dos 7 aos 22 anos. Se seu filho trabalhar para pagar por si próprio a faculdade, mesmo assim a despesa dos 7 aos 17 anos corresponde a cerca de 50% do valor acima.

Apesar de a educação pública no Brasil estar bem aquém das nossas necessidades, algumas cidades conseguem ter um ensino público de qualidade. Se for este o seu caso, não tenha dúvidas: guarde o dinheiro que gastaria com ensino fundamental e médio para pagar a faculdade.

O planejamento financeiro se torna um grande facilitador para alcançarmos a qualidade de vida desejada.

Quem planeja evita transtornos
e economiza dinheiro.
Planejamento é a base do sucesso financeiro.

* Fonte: revista *Época* de 29/1/2007, baseada em pesquisa do Cefipe – Centro de Estudos de Finanças Pessoais e Negócios.

Como deve planejar quem tem renda mensal variável

Todo tipo de negócio tem sua sazonalidade. Quem é funcionário CLT não sente esses períodos, pois tem um salário fixo mensal. Quem tem renda variável sabe, ou deveria saber, que há períodos no ano em que sua renda atinge um pico positivo de ganhos e há períodos em que o ganho não passa de um valor básico.

Quem tem renda variável por ser autônomo, empresário ou funcionário comissionado, por exemplo, pode fazer planejamentos levando em consideração a média de suas receitas e das suas despesas nos últimos doze meses.

Exemplo:

Receita líquida	R$	Despesas	R$
Janeiro	1.000	Janeiro	2.100
Fevereiro	1.500	Fevereiro	2.300
Março	4.000	Março	1.950
Abril	4.300	Abril	2.000
Maio	6.000	Maio	2.200
Junho	3.200	Junho	2.150
Julho	3.500	Julho	2.600
Agosto	3.000	Agosto	2.000
Setembro	3.900	Setembro	2.400
Outubro	2.500	Outubro	1.990
Novembro	2.000	Novembro	2.140
Dezembro	1.900	Dezembro	3.000
Média	**3.066,67**	**Média**	**2.235,83**

No quadro acima verificamos uma média de receitas líquidas (valor bruto menos impostos e despesas) que é maior que a média das despesas pessoais no período de um ano. Isso mostra um profissional de renda variável que conhece seu tipo de negócio e adequou suas despesas a um patamar inferior à média anual de receitas líquidas. Desta forma, poderá prover uma quantia mensal como reserva, cujo valor ideal seria de seis meses da média de gastos mensais, ou seja, cerca de R$ 13.415 no exemplo acima. Em dezesseis meses comporá essa reserva e a partir daí deverá continuar com ela, para poder realizar uma viagem ou trocar de carro, por exemplo.

O primeiro ano com a situação de renda variável é o mais difícil, por ainda ser incerto o que vai acontecer. É essencial não se iludir com receitas muito acima do esperado e sair gastando imediatamente. Espere completar um ano de situação com renda variável para ver como funciona. Talvez toda a renda do primeiro semestre tenha de suprir os outros seis meses se o negócio for rentável em apenas metade do ano.

⑥

DE OLHO NO CONSUMO PARA AJUSTAR SEU ORÇAMENTO

"Compra somente o necessário, não o conveniente. O desnecessário, ainda que custe somente um cêntimo, é caro."

Sêneca

O problema não é consumir, mas consumir o desnecessário na maior parte do tempo, uma atitude que vem colocando em risco a sustentabilidade da vida no planeta.

Comece a observar o que, como e quanto você compra e verá que a maior parte do dinheiro é gasta com itens dispensáveis.

Liquidações e promoções

Palavras mágicas, poderosas, que acionam em nosso cérebro uma possibilidade de acerto. Comprar mais barato é economizar dinheiro, certo? Errado. Em geral, liquidações e promoções são apenas uma oportunidade de exercer o poder de compra sem culpa.

Pensamos no custo e esquecemos o benefício. Compramos várias peças de roupa ou sapatos do mesmo modelo e de cores diferentes para aproveitar o preço baixo – que nem sempre é baixo, se levarmos em conta a qualidade dos produtos.

Efeito no dia a dia: Achamos que estamos sempre com a mesma roupa ou sapato e acabamos usando apenas uma peça da cor que mais gostamos. As outras não serão usadas, mas as deixamos por longo tempo no armário para diminuir o remorso de ter gastado o dinheiro.

Isso não acontece apenas com roupas e sapatos. Acontece com CDs e DVDs. Livros são outra tentação: vemos os títulos, encantamo-nos com eles e os levamos para casa. Se utilizarmos os CDs e DVDs uma vez, pelo menos, será muito. Os livros vão ficar na lista de espera, já que não temos tempo nem para ler a revista semanal que chega em casa nos fins de semana.

Atitude para seu dinheiro valer mais: Compre em promoção somente aquilo de que realmente precisa. Evite olhar somente o preço: pense no benefício, quantas vezes utilizará, se o custo justifica a compra. Pergunte-se: "Eu realmente preciso disto agora?" e faça compras racionais.

Supermercados

Artigos de limpeza e higiene e alimentos são sempre necessários, mas os mercados, sejam eles míni ou súper, merecem atenção especial. Como encontramos tudo o que precisamos e não precisamos nesses lugares, todo cuidado é pouco.

Vamos falar das promoções mais comuns:

Leve 3 e pague 2: É difícil resistir. Essas promoções aparecem em sucos, macarrões instantâneos, produtos de limpeza. De promoção em promoção, acabamos levando muito mais do que precisamos e gastando mais do que deveríamos. Só vale a pena se você realmente está precisando do produto, já conhece a marca e a qualidade e vai conseguir utilizá-lo antes do vencimento.

Promoção-relâmpago: Gera uma correria dentro da loja, pois dura apenas alguns minutos. Os produtos são colocados à venda pela metade, às vezes por um terço do preço. Quem conseguiu comprar economizou, quem não conseguiu vai pagar mais caro. A competição pelo produto aumenta a ansiedade em adquiri-lo. Acabamos pegando quanto nossas mãos conseguem carregar e nos sentimos satisfeitos com isso. Como somos ingênuos! Os itens normalmente colocados nessas promoções são os perecíveis cuja data de validade se aproxima do vencimento. Se compramos mais do que o consumo normal, esses produtos vencem e acabam sendo descartados.

Destaque de produtos em promoção: São promoções que ficam na ponta das gôndolas, viradas para os corredores principais. Ali são colocadas pilhas de produtos de uma determinada marca com preços em promoção. Antes de colocar o produto no seu carrinho, vá até o corredor onde ele normalmente fica e compare o preço com outras marcas de mesma qualidade. Muitas vezes o artigo em evidência não tem o melhor preço. Não se iluda com a palavra "promoção". Compare preços, qualidade e validade.

Oferta do dia: Agora os supermercados colocam a cada dia um produto diferente com preços menores para atrair o consumidor. Apesar de ser uma oportunidade de economizar na compra de produtos perecíveis como frutas, verduras e carnes, se não formos disciplinados acabaremos cedendo a alguma das promoções anteriormente citadas. Compramos com os olhos, com o estômago e com as emoções; se não estivermos focados naquilo que realmente precisamos, com certeza gastaremos demais.

Degustação: Café, suco, geleias, iogurte, carnes, linguiças, macarrão instantâneo, panetone, hummm... Uma delícia, além de grátis. A degustação é grátis, mas o produto custa – às vezes, mais caro que as outras marcas. Normalmente as degustações estão vinculadas a promoções e brindes que nos induzem a comprar o produto.

Efeito no dia a dia: Gastamos mais do que deveríamos e acumulamos produtos em excesso, que ficam abarrotando os armários. Alguns produtos perdem a validade antes de conseguirmos usá-los, de outros simplesmente não gostamos.

Atitude para seu dinheiro valer mais: Faça listas com foco no que realmente necessita. Evite ir às compras com fome ou pressa. Se você é do tipo que adora ir ao mercado e sente um enorme prazer em compras desnecessárias, o melhor que tem a fazer é delegar a compra a alguém controlado.

Pequenos gastos em dinheiro

Troca-se uma nota de R$ 50 e ao final do dia restam alguns trocados apenas. Que fenômeno é esse que leva nosso dinheiro embora rapidinho? Não é um fenômeno, mas o resultado de pequenos gastos que fazemos no dia a dia. Com uma nota de R$ 50 você compra quatro pacotes de figurinhas para seu filho por R$ 3 e uma revista por R$ 8,90. Após o almoço compra um chiclete por R$ 1,70. Um amigo lhe pede que assine o número de uma rifa do colégio do filho a R$ 5. Na volta pra casa está chovendo e você, sem guarda-chuva, compra um no camelô por R$ 7. Passa na padaria e compra pão, leite e mais umas coisinhas e gasta mais R$ 9. Todos esses pequenos gastos, somados, dão R$ 34,60. Restam apenas R$ 15,40.

Efeito no dia a dia: Ao constatar que nos resta pouco do que tínhamos a sensação é a de que perdemos dinheiro ou de que alguém nos deu troco errado. Forçando a memória, descobrimos que gastamos o dinheiro sem perceber porque eram quantias pequenas. Se fosse para comprar um único produto no valor de R$ 30, pensaríamos antes de gastar.

Atitude para seu dinheiro valer mais: Preste o máximo de atenção aos pequenos gastos. Some os valores que já gastou e estipule um limite semanal.

Cartões de lojas e as compras em cinco vezes sem juros

As lojas emitem aos clientes cartões próprios que possibilitam o parcelamento sem juros. Mas será que é sem juros mesmo? Com certeza não, e isso significa que todos os itens da loja estão acrescidos de juros nos preços da etiqueta. Perde quem compra à vista, já que essas lojas não negociam descontos para pagamentos no ato da compra. Além disso, os pagamentos só podem ser feitos na própria loja, obrigando o cliente a voltar todos os meses. Assim acontece o consumo não planejado: vamos pagar a fatura, vemos uma promoção e acabamos comprando.

O parcelamento sem juros é em cinco vezes, porém, ao passar no caixa sempre vão lhe oferecer uma opção de pagamento com juros. Se você não perguntar e simplesmente concordar com o valor da parcela, pagará mais juros além dos já embutidos nos preços.

Efeito no dia a dia: As compras parceladas vão se acumulando mês a mês e as pequenas parcelas se transformam em uma dívida grande que pode abalar seu orçamento. A tendência será pagar o valor mínimo e ficar exposto à cobrança de juros altíssimos que vão consumir ainda mais o seu dinheiro.

Atitudes para seu dinheiro valer mais: Compre somente à vista. Se em vez de cinco peças puder comprar apenas uma, o importante é que desta forma não terá surpresas desagradáveis no orçamento e manterá suas finanças sob controle.

Cartões de supermercados

O mais desastroso é quando o cartão de loja é de um supermercado. Fazer compra do mês no cartão é entrar numa situação difícil de sair depois. A facilidade da compra sem dinheiro e a ilusão momentânea de que não temos de pagar ao passar no caixa nos levam a gastar mais. No mês seguinte teremos de pagar a fatura que consumirá a verba reservada para fazer a nova compra. Só resta fazer de novo a compra no cartão.

Efeito no dia a dia: O cartão acaba vinculado ao orçamento doméstico não só para alimentos, mas para roupas, eletroeletrônicos, celulares e tudo o que o supermercado oferece. As dívidas mal administradas acabam gerando transtornos, já que as grandes redes de supermercados são de difícil negociação e cobram juros altos.

Atitudes para seu dinheiro valer mais: Compre o estritamente necessário. Se for preciso usar crédito, pague a fatura integral e continue economizando até conseguir fazer nova compra em dinheiro, colocando a situação nos eixos novamente.

Vale-refeição

Grandes empresas fornecem aos funcionários o vale-refeição em formato de cartão magnético de débito. O valor carregado no cartão equivale a uma quantia diária para consumo durante o período. Como o funcionário não paga ou paga apenas uma pequena parte deste benefício, a tendência é sempre extrapolar o valor diário, fazendo com que na última semana do mês tenha de usar recursos próprios para se alimentar.

Efeito no dia a dia: Acaba surgindo no orçamento mais uma despesa não planejada por puro descontrole nos gastos diários.

Atitudes para seu dinheiro valer mais: Pesquise os restaurantes ao redor do seu trabalho, veja qual tem bom preço e boa qualidade e controle os gastos. Se excedeu o valor diário num dia, no outro gaste menos para compensar.

Comandas eletrônicas

Padarias, bares, restaurantes de estrada e até boates aderiram à comanda eletrônica. A cada consumo passa-se a comanda num leitor e o funcionário digita o código da transação. Ficamos totalmente sem noção do quanto já gastamos e do valor que estamos pagando por alimentos ou bebidas.

Efeito no dia a dia: Pagamos um valor depois de consumido, o que não nos dará muita margem para negociação de preço ou do valor a ser pago. A probabilidade de consumir mais do que podíamos aumenta por não acompanharmos os valores e as quantidades do que já consumimos.

Atitude para seu dinheiro valer mais: Se não houver um cardápio com os preços, pergunte antes e exija a nota fiscal para conferir os valores. É um direito seu.

Brinquedos e outras compensações

A família mudou. Os pais saem para trabalhar, passam o dia todo ausentes e os filhos ficam em escolas, com familiares ou com babás. A situação acaba gerando nos pais um sentimento de culpa. Uma das formas de compensar a ausência é a compra constante de brinquedos e guloseimas que as crianças veem nas cerca de seis horas diárias que ficam em frente à TV e pedem aos pais. Como a intenção é agradar, lá vão os pais em busca dos brinquedos da moda. Chega uma hora em que não há mais espaço para tantos brinquedos, o que sinaliza exagero de consumo.

Efeito no dia a dia: Criamos, assim, consumistas em potencial. Atendendo a todos os desejos, tornamos nossos filhos frágeis e intolerantes à frustração. Cada "não" será um drama, um motivo de rebeldia e sentimento de rejeição na adolescência e até na vida adulta.

Atitude para seu dinheiro valer mais: Seu filho deseja sua atenção e precisa dela. Reserve um tempo diário para dar-lhe atenção exclusiva. Acompanhe a escovação de dentes noturna, conte-lhe uma história, brinque e reze com ele antes de dormir. Custo zero, satisfação total.

Consumo de recursos naturais

Por uma questão de sobrevivência mais do que por economia, devemos reduzir o consumo de recursos naturais como água, energia elétrica, papel, alimentos e derivados de petróleo, para citar apenas alguns.

Atitude para seu dinheiro valer mais: Adote os 5 Rs para consumir com consciência:

Repensar atos de consumo e descarte.

Recusar produtos que agridam o meio ambiente e consequentemente a saúde.

Reduzir o consumo desnecessário e tudo que for possível, focando a sustentabilidade da vida no planeta.

Reutilizar o que for possível antes de descartar para reciclar.

Reciclar materiais requer separação do lixo e encaminhamento adequado.

Hoje consumimos muito mais do que o planeta é capaz de repor. O consumo desmedido leva a um desequilíbrio natural já visível nas mudanças climáticas, que têm grande impacto em nossa vida.

O assunto é mais sério do que imaginamos, e precisamos quanto antes rever nossa forma de consumir. Sem consumo não é possível viver, mas consumir com consciência é possível. Às vezes focamos apenas no "reciclar", mas antes é preciso "reduzir" o consumo, já que os recursos naturais são finitos.

Para entender melhor quanto o seu consumo pode fazer a diferença, acesse os links abaixo e assista aos vídeos:

História das coisas

O vídeo nos ensina muita coisa, nos faz rir e pode mudar para sempre a forma como vemos os produtos que consumimos todos os dias. (www.sununga.com.br/HDC)

1/3 de tudo que você compra vai direto para o lixo

Campanha do Instituto Akatu para o Consumo Consciente. (www.akatu.org.br)

Fique atento à real necessidade

Grátis para consumo acima de...

O consumo a partir de *x* reais lhe dará o direito de receber gratuitamente um brinde, que segundo o vendedor é maravilhoso. Somos levados pela emoção e pelo sentimento de estarmos ganhando algo quando, na verdade, dependendo de quanto custa o brinde e do que realmente precisávamos comprar, sairia mais barato comprar o produto do que gastar mais só para ganhar o brinde.

Garantia estendida

Para saber se é vantagem contratar a garantia estendida oferecida pelo vendedor na hora da compra de um equipamento, é preciso conhecer o que realmente a apólice do seguro cobre, já que esta garantia é na verdade uma modalidade de seguro, e não uma continuidade da garantia oferecida pelo fabricante. O Procon recomenda a leitura e a análise da apólice de seguro antes da contratação da garantia estendida, que em alguns casos pode ser efetivada 15 dias após a compra.

Gastos com tecnologia da informação

TV a cabo: Ficamos seduzidos pelos pacotes com tantos canais interessantes, mas esses pacotes não são baratos como as propagandas dizem ser. Normalmente nos primeiros meses as empresas oferecem um valor reduzido para encantar o cliente e depois passam ao preço normal de contrato. A mudança para TVs de plasma ou LCD gera novas demandas, com pacotes HD e convites para migrar de pacote sem custos. Na verdade, o aparelho é grátis, mas a mensalidade terá um acréscimo significativo.

Internet: Assim como acontece com os canais de TV, oferecem-nos pacotes, muitas vezes um atrelado ao outro, com um custo sempre um pouco maior para um grande salto na qualidade da tecnologia oferecida.

Celular: Imediatismo e celular formam o par perfeito. Os custos são altos, mas foram absorvidos por todos os usuários que não abrem mão de seus aparelhos e da conectividade em tempo integral. São planos de minutos, promoções, e cada vez mais nos rendemos à comodidade da comunicação em qualquer lugar para qualquer pessoa.

Efeito no dia a dia: TV a cabo, internet e celular não existiam até pouco tempo, o que tornava nossos custos menores. Hoje somos reféns dessas tecnologias.

A tecnologia para uso residencial agregou gastos diretos e indiretos significativos na última década, como a facilidade de comprar pelos canais de TV a cabo – que têm de corrida de cavalos a leilões – e pela internet, que tem desde objetos usados a carros zero-quilômetro, alcançáveis com alguns cliques.

Essa tecnologia tem um custo mensal. Sejamos realistas. No século XXI, dificilmente teremos algum benefício, conforto ou praticidade sem custo. A indústria do conforto migrou dos eletrodomésticos para a tecnologia da informação.

Atitude para seu dinheiro valer mais: Saia da dependência tecnológica. No que diz respeito à TV a cabo, tenha um pacote básico que contenha apenas o que realmente assiste, evitando gastos desnecessários. Não se deixe levar pelo telemarketing e ajuste o valor desse pacote à sua realidade financeira.

Não fique passivamente em frente à TV assistindo a canais de ofertas. Mesmo que você não precise de nada, correrá o risco de ser convencido de que pode trocar a mobília da sua casa em 36 meses com parcelas acessíveis ou comprar muitos eletrodomésticos fantásticos. Se você não vai às compras, as compras vêm até você. Cuidado. Se estiver carente, querendo se presentear, fuja desses canais de ofertas e de sites de vendas pela internet. Consumir não preenche vazios emocionais e prejudica sua saúde financeira.

Quanto à internet, a banda larga com custo mensal para acesso ilimitado tem sido mais conveniente principalmente para quem tem filhos em idade escolar. Porém, não precisa ser um pacote top de linha. Adquira o pacote menor e, se sentir necessidade, migre para outro.

No caso dos celulares, o pré-pago é melhor para quem não se controla. Fique atento, pois com a portabilidade é possível mudar de operadora e conservar o mesmo número sem pagar multas. Defenda seus interesses optando pelo melhor para sua saúde financeira.

7
EMOÇÕES E CONSUMO

"Se vives de acordo com as leis da natureza, nunca serás pobre; se vives de acordo com as opiniões alheias, nunca serás rico."

Sêneca

A partir do momento em que nos preocupamos com o que os outros pensam de nós, precisamos do reconhecimento do outro como uma resposta positiva a essa pergunta. Nesse emaranhado de emoções, muitas vezes nos sentimos magoados, frustrados, irados, porque o olhar do outro sobre mim é diferente do que eu esperava que fosse. O outro não consegue me ver e reconhecer meu valor, então acabo me proporcionando esse reconhecimento ao me presentear com algo prazeroso.

Ainda nessa reflexão cabe o outro extremo, que é a euforia, uma alegria extrema que me leva a querer proporcionar ao outro tudo que posso e até o que não posso por gratidão, para ver seus olhos brilharem e seus braços me abraçarem e alimentar essa energia que me envolve. Afinal, a visão positiva do outro sobre mim me traz o tão esperado reconhecimento.

São várias as emoções que interferem nas escolhas de trocas que faremos no uso do nosso dinheiro.

Quando não nos sentimos reconhecidos, a tendência é nos recompensarmos comprando aquilo que nos dá prazer, sem sequer pensar se é necessário ou se podemos pagar por isso. Nesse momento, tudo o que pensamos é: "Afinal, eu mereço! Se eu não me valorizar, ninguém mais me valoriza!"

Quando nos sentimos eufóricos porque nasceu um filho ou um neto, ou porque um filho entrou numa faculdade concorrida, ou porque conquistamos a pessoa que paquerávamos há tempos, ou em outras situações, a tendência é também sair do racional e agir por impulso, querendo proporcionar às outras pessoas que fazem parte dessa euforia tudo que posso e até o que não posso.

É o caso dos pais que se endividam para dar um carro ao filho que entrou na faculdade, ou dos avós que compram tudo que veem para o neto, ou do namorado apaixonado que na primeira semana de namoro se enrola para dar um superpresente à namorada.

Em todos esses casos, agimos com a emoção e não com a razão para fazer nossas escolhas de consumo. Compramos por um impulso emocional, distanciados da razão, e não questionamos se o que estamos comprando é útil, se é necessário, se nos serve ou mesmo se poderemos pagar. Nada disso passa pela nossa mente. Apenas queremos sentir o prazer de nos recompensarmos ou de recompensar os outros.

Uma situação como exemplo:

Uma mulher, após descobrir uma traição, rompe um relacionamento amoroso de muitos anos. A dor é imensa. Com o tempo, vai se adaptando à realidade, mas sofre com a frustração do rompimento e fica difícil lidar com os sentimentos dilacerantes.

A saída é virar a página da vida e começar um novo capítulo dessa história. O que fazer pra reencontrar o prazer de viver e voltar a enxergar a vida de forma positiva?

Ainda não é possível encarar um novo relacionamento.

Como sempre foi muito vaidosa, decide que vai investir num visual novo. Vai entrar numa academia, fazer uma bela dieta, mudar o cabelo, comprar novas roupas, enfim, vida nova. Com certeza isso vai levantar sua tão abalada autoestima.

Tudo certo, não fosse a situação financeira complicadíssima.

Ignorando o detalhe numérico do seu saldo bancário, evitando acessar o extrato da conta via internet e abrir correspondências bancárias, com cartão de crédito em punho ela decide iniciar seu projeto.

As consequências serão sentidas em breve, com o agravamento da situação financeira, e acabarão se refletindo na autoestima que ela tanto quer elevar.

É assim que ela acaba piorando uma situação que já era ruim e não reconhece em si a responsabilidade desses resultados negativos. Acaba assumindo o papel de vítima, o que a manterá nesta situação ruim, já que ela não tem de mudar, quem tem de mudar é o seu algoz.

Quando estão com relacionamentos afetivos mal resolvidos, muitas mulheres e homens acabam detonando a vida financeira por buscarem nas compras uma fonte de prazer, numa tentativa de sair do fosso emocional em que se encontram. Mera ilusão. As compras trazem um prazer imediato de curta duração. Em breve todo o desconforto emocional vem à tona novamente e, se não se derem conta de que o prazer do consumo não vai resolver o problema, acabam encontrando mais um: a dificuldade financeira.

8

CRÉDITO É VENENO OU REMÉDIO?

"A diferença entre veneno e remédio é apenas a dose."
Paracelso

Analisando racionalmente, somente através do crédito é possível gastar mais do que recebemos; portanto, muito cuidado antes de decidir utilizá-lo.

Ao pensar no efeito de um remédio, relacionamos o crédito a algo benéfico para reduzir gastos ou aumentar a receita. Exemplo: se você deve para o cheque especial, que tem uma taxa de juros de 10% a.m. (ao mês), e consegue um empréstimo pessoal com juros de 3% a.m. Para quitar essa dívida, estará reduzindo em 7% a.m. os juros dessa dívida.

Outro exemplo seria o uso do crédito para ampliar suas receitas. Supondo que você tem uma pequena empresa e para ampliá-la precisa comprar equipamentos ou ferramentas e utiliza crédito para isso – pois já fez os cálculos e viu que o faturamento cobrirá a parcela do financiamento e ainda resultará em lucro –, pode considerar o crédito como remédio.

Nos dois exemplos acima o uso do crédito trouxe um ganho financeiro, seja na redução de uma dívida, seja no aumento da receita.

E o crédito como veneno? É um tipo de crédito que vai aumentar muito o custo apenas para antecipar uma situação futura que não queremos esperar. Exemplo: usar crédito para compra de um carro para uso pessoal. O carro é um bem de consumo que se deprecia com o tempo e com o uso. Ao adquirirmos um carro, sabemos antecipadamente que não é um investimento, é um gasto com um bem que vai perder valor a partir do momento em que sair da concessionária.

Ao utilizarmos crédito para a compra de um carro para uso pessoal, estamos aumentando as perdas. Veja os dados abaixo:

Valor à vista	Valor financiado em sessenta parcelas com juros de 1,35% ao mês (a.m.)	Valor pago de juros
R$ 35.000	R$ 51.291,35	R$ 16.291,35

Ao final do financiamento o carro já terá depreciado e valerá cerca de R$ 21.000.

Valor pago	Valor de venda após cinco anos	Valor da depreciação
R$ 35.000	R$ 21.000	R$ 14.000

A perda acumulada entre depreciação e juros foi de R$ 30.291,35, ao passo que se o carro tivesse sido comprado à vista haveria somente a perda da depreciação, que foi de R$ 14.000 – neste caso, o comprador deixaria de gastar mais R$ 16.291,35 em juros com este bem de consumo.

O tempo médio de troca deve ser de quatro anos, no mínimo, quando o tempo de uso já justifica o custo e começam as manutenções constantes. Quem troca de carro todos os anos, tentando manter seu patrimônio atualizado, acaba gastando muito mais. É no primeiro ano que o carro sofre a maior depreciação.

Esse gasto excessivo para compras feitas através de financiamentos pode acontecer com eletroeletrônicos, móveis e outros bens de consumo que, financiados, geram um custo muito maior – situação facilmente evitada se a compra fosse planejada com uma poupança prévia para aquisição.

A análise racional da situação é essencial para fazer bom uso do crédito.

Parâmetros

Você sabe qual é o parâmetro para analisar se uma taxa de juros está adequada ou é abusiva? A taxa Selic (Sistema Especial de Liquidação e de Custódia) é a taxa básica de juros do Brasil. Atualmente (abril de 2010), 9,5% a.a. (ao ano) é a nossa referência de taxa básica de juros.

Vejamos a variação da Selic nos últimos anos:

	Dez/05	Nov/06	Dez/07	Dez/08	Dez/09	Abr/09
Selic a.a.	18%	13,25%	11,25%	13,75%	8,75%	9,50%

Fonte: http://www.bcb.gov.br/?copomjuros

O cartão de crédito chega a cerca de 240% a.a. ou 10% a.m. Há um verdadeiro abismo entre as duas taxas.

Quando acostumados a pagar algo em torno de 10% a.m. no cartão de crédito e cerca de 8% a.m. no cheque especial, falar em uma taxa de juros de 4,8% a.m. para um empréstimo pessoal pode soar como algo positivo. No entanto, 4,8% a.m. terá como resultado algo em torno de 75,5% a.a., o que, comparado à Selic, também se mostra muito distante de ser uma boa opção.

A taxa de juros mais próxima à taxa Selic é a melhor opção; quanto mais distante, pior. A Selic é o nosso parâmetro, e não as taxas cobradas nas linhas de crédito com que estamos mais familiarizados, como cheque especial, cartão de crédito e financeiras.

Impacto

O quadro abaixo foi publicado em matéria do jornal *O Globo* em 28/4/2010 e mostra os diversos tipos de crédito disponíveis para pessoa física e seu impacto mensal e anual no bolso do consumidor.

TAXA DE JUROS PRATICADAS PELO MERCADO – PESSOA FÍSICA					
Linha de crédito	Taxas atuais Selic – 8,75% a.a.		Novas atuais Selic – 9,50% a.a.		Variação % (mês)
	Mês	Ano	Mês	Ano	
Juros comércio	5,72%	94,93%	5,78%	96,26%	1,05%
Cartão de crédito	10,69%	238,30%	10,75%	240,51%	0,56%
Cheque especial	7,34%	133,96%	7,40%	135,53%	0,82%
CDC bancos – Financiamento de automóveis	2,33%	31,84%	2,39%	32,77%	2,58%
Empréstimo pessoal bancos	4,74%	74,32%	4,80%	75,52%	1,27%
Empréstimo pessoal financeiras	9,78%	206,39%	9,84%	208,41%	0,61%
TAXA MÉDIA	6,77%	119,48%	6,83%	120,96%	0,89%

Fonte: http://www.oglobo.com.br/servicos/pop_infografico.asp?p=/fotos/2010/04/28/28_ECO_tabelaJuros2_600x280.gif&l=601&a=281

Acompanhar o cenário econômico e ficar atento a informações sobre taxas de juros é essencial para tomar boas decisões financeiras.

Se o quadro acima ainda não o convenceu da importância do planejamento para compras à vista, evitando o uso de crédito, vamos relembrar a proposta inicial deste livro: fazer seu dinheiro valer mais. Ao evitar gastos com juros seu dinheiro rende muito mais. Fica mais fácil se organizar para poupar ou administrar crises quando não se tem dívidas.

Cartão de crédito

O cartão de crédito surgiu há menos de um século e gerou uma verdadeira revolução na nossa forma de fazer trocas. O dinheiro se desmaterializou. Com apenas um cartão de plástico, desde que seja internacional, podemos andar mundo afora sem precisar carregar quase nada em espécie. Essa desmaterialização nos tirou das vistas o dinheiro indo embora. Perdemos o sentimento ruim de gastar, ficando apenas o prazer de comprar quando pagamos com cartão.

Sinônimo de status para alguns e de dor cabeça para muitos, o cartão de crédito, assim como o dinheiro, não tem poder. O poder é nosso, ou pelo menos deveria ser. Nós fazemos as escolhas, decidimos efetivar a troca utilizando o cartão de crédito. A fatura mensal é apenas um registro de nossas decisões. Ignorá-la ou amaldiçoá-la não mudará o valor a ser pago.

Quantas vezes você, ao olhar a fatura, se assustou e demorou para acreditar que os valores ali descritos eram, de fato, quantias de algo que você adquiriu? Da compra até a chegada da fatura podem se passar até quarenta dias. Muito tempo para uma vida tão dinâmica, com decisões emocionais na maior parte do tempo. Esquecemos o que compramos e duvidamos da nossa capacidade de gastar tanto. Salvo exceções de erros de lançamento ou fraude por perda ou roubo do cartão, constatamos que podemos gastar muito, com muita facilidade e em curto espaço de tempo.

Quando o cartão é emitido para dependentes, o cuidado deve ser redobrado. Um momento de vingança pode ser fatal para sua conta bancária.

Facilitador de consumo por impulso, só deve ser utilizado por quem tem controle de suas contas e sabe que terá condições de pagar a fatura integral no vencimento sem sacrificar o orçamento.

Como utilizar seu cartão de crédito sem se enrolar com as finanças:

1. Negocie com a administradora do cartão a isenção da anuidade, já que alguns cartões oferecem anuidade gratuita permanente.
2. Se você é do tipo gastador, que compra por impulso e depois se arrepende, evite andar com o cartão de crédito ou peça ao banco que deixe um limite de crédito baixo, que esteja dentro de sua possibilidade de pagamento, evitando um estouro nas finanças.
3. Utilize-o somente quando for necessário. Para checar a necessidade, faça a pergunta básica: "Eu realmente preciso disto agora?". Principalmente quando estiver assistindo a canais de

ofertas na TV como quem não quer nada, apenas para se distrair, ou navegando na internet nos canais de vendas, evite ter o cartão por perto.

4. Se comprar em parcelas sem juros no cartão, não se deixe levar apenas pelo valor da parcela, mas pela quantia total que vai pagar.
5. Não faça compras para terceiros em seu cartão de crédito.
6. Não pague contas mensais com o cartão de crédito, pois poderá se descontrolar e se endividar.
7. Os juros do cartão de crédito são altíssimos, variando de 10% a 15% a.m. Lembrando que a Selic atualmente é 9,75% a.a., podemos considerar essa taxa de juros astronomicamente cara, portanto, nunca pague apenas o mínimo do cartão. Se não tiver o valor total da fatura, solicite um empréstimo pessoal com juros bem menores que o do cartão de crédito e quite a fatura integral no vencimento. Não demore para negociar suas dívidas. A cada dia o valor cresce mais.
9. Mantenha-se informado sobre benefícios como milhagens para passagens aéreas e sobre como obtê-los. Se você é isento de anuidade e para optar por este benefício terá de pagá-la, faça as contas para ver se vale a pena. Se você nem gosta de viajar, para que pagar anuidade para obter um benefício que não te agrega nada?
10. Faça um controle de seus gastos em uma planilha e vá monitorando para evitar excessos. Para isso, veja orientações a seguir:

    - Estipule um valor máximo mensal a ser gasto com cartão de crédito, lembrando que este valor não precisa ser gasto se não houver necessidade. Não tome isso como uma dívida mensal, mas um valor máximo eventual.
    - Veja no site ou diretamente no banco o período de faturamento do mês.
    - Supondo que seu cartão vence todo o dia 10 de cada mês e vira o vencimento para o mês seguinte no dia 2 de cada mês, no mês de outubro sua fatura vai englobar suas compras de 2/10 a 1/11 e a fatura vencerá dia 10/11. Veja um exemplo de controle:

Planilha de controle de gastos do cartão de crédito: Vencimento 10/11/2010.
Valor máximo mensal a ser gasto: R$ 300.

Dia da compra	Descrição/Loja	Parcela Nº	Valor R$	Total R$
3/10	XYW Magazine / presente da Bia	1/2	45	45
15/10	BK Pneus	1/4	160	205

11. Confira mensalmente a fatura do cartão com seu controle mensal. Erros das administradoras de cartão são raros, mas acontecem. Veja alguns:
    - Você comprou algo em quatro parcelas com a primeira a vencer no mês seguinte. A fatura chega e não vem a primeira parcela debitada. Você não se dá conta disso. No mês seguinte debitam as duas parcelas de uma vez e você se descontrola, porque não guardou o dinheiro da parcela que deveria ter vindo no extrato anterior e não veio.
    - Você comprou um produto pelo cartão e cancelou a compra. Pede o estorno do valor, que não é feito, e a quantia continua sendo debitada.
    - Compras que não fez e que foram debitadas no seu cartão.
    - Compra que foi supostamente parcelada sem juros e vem com juros. Sem o hábito de conferir as faturas, você acabará não percebendo erros desses tipos.
12. Dê preferência aos cartões com chip. Apesar de você ter de decorar mais uma senha, eles acabam sendo mais seguros em caso de perda, extravio, furto ou roubo.
13. Conscientize-se de que cartão de crédito não é presente. É uma linha de crédito com juros altíssimos e, caso você fique inadimplente, estará entrando na famosa bola de neve que cresce rapidamente e vai detonar a sua vida financeira.
14. Jovens recém-contratados por empresas acabam tendo acesso a cheque especial e cartões de crédito sem nenhuma experiência de administração financeira. Com a em-

polgação, acabam se endividando e complicando a vida financeira cada vez mais cedo.

Cheque especial

O cheque especial deve ter esse nome porque quem o usa é de fato muito especial para o banco, já que proporciona altos ganhos através dos juros pagos mensalmente. Na verdade, essa linha de crédito pré-aprovada para o correntista tem um custo expressivo na cesta de tarifas mensais e acaba sendo um facilitador para o descontrole.

Mesmo que o seu banco considere você tão especial a ponto de lhe conceder cinco ou dez dias de uso sem juros, evite usar. O banco oferece essa vantagem porque sabe que a maioria das pessoas não tem disciplina para quitar o cheque especial nesse prazo e certamente pagará os juros.

O banco incorpora o valor do cheque especial ao seu saldo, o que pode lhe dar uma visão equivocada do dinheiro disponível para o uso. Fique atento, faça seus controles corretamente e não utilize essa linha de crédito nunca. Se precisar numa emergência, solicite um empréstimo pessoal com juros menores.

Crédito consignado

Disponível para trabalhadores no regime CLT e aposentados, essa linha de crédito desconta o valor das parcelas na fonte. O valor é limitado a 30% do salário ou benefício.

Como o dinheiro não passa pela mão do devedor e é pago diretamente à instituição financeira pela empresa ou pelo INSS, os riscos de inadimplência são quase nulos – o que reduz a taxa de juros cobrada por essa modalidade de crédito.

Para utilizar é preciso alguma cautela por parte do trabalhador ou aposentado, pois terá de ajustar o orçamento mensal a um valor menor, sendo que a parcela virá descontada na fonte. Se não se organizar para isso, poderá se complicar novamente e voltar a pagar juros altos.

Essa linha de crédito deve ser utilizada para reduzir os juros de dívidas maiores como cheque especial e cartão de crédito; no entanto, muitas pessoas lançam mão desse crédito para comprar eletroeletrônicos, móveis e eletrodomésticos. Não use este recurso para aquisição de bens de consumo que você pode perfeitamente poupar a cada mês e comprar à vista.

Aposentados e pensionistas do INSS não devem pegar esse empréstimo para beneficiar familiares, assumindo para si o risco de inadimplência. Saiba dizer não e evite transtornos e brigas familiares.

Use o crédito com consciência, evite o endividamento desnecessário e faça seu dinheiro render muito mais.

Financiamento de veículo

Já mencionamos na página 45 o custo de um financiamento de carro para uso pessoal e seu impacto no orçamento familiar.

Existe o financiamento de veículo através de uma concessão de crédito pessoal, ou pelo sistema de *leasing*. O crédito pessoal tem taxa de juros um pouco maior que a do *leasing*, porém, o documento do carro sai em seu nome, constando alienação até que seja quitado.

O *leasing*, que é um sistema de aluguel com opção de compra, tem uma taxa de juros inferior à do crédito pessoal, no entanto, a opção de compra o obrigará a pagar uma taxa residual a ser negociada ou que será inclusa no valor mensal da parcela. Os juros do financiamento formam um valor, enquanto a taxa de amortização do valor residual é outro montante que não está incluso na prestação como juros. Apesar de ter juros menores, preste atenção ao valor que vai pagar de fato e se é compensador. Até que termine o financiamento, o documento do veículo fica em nome da financeira.

Financiamento da casa própria

Há muita polêmica sobre o que é melhor: pagar aluguel enquanto poupa a quantia para a compra do imóvel ou entrar num financiamento. Não há uma resposta única, principalmente se levarmos em consideração o fator emocional, o significado de ter sua própria casa. Racionalmente falando, é preciso, em cada caso, fazer cálculos para analisar o que é mais vantajoso. Como os cálculos são complexos, busque uma calculadora na internet que possibilite fazer essa análise, como por exemplo, http://www.winfinance.com.br/casapropria/relatorio_exemplo.php

Se o melhor for o financiamento, é importante levar em conta que o valor da parcela a ser pago não deve ultrapassar 30% da renda familiar mensal. É preciso conhecer as diferentes formas de financiamento existentes e suas exigências para ver qual a melhor opção através da análise da taxa de juros, os custos totais que serão pagos à vista e o grau de complexidade na aprovação.

Já houve casos em que uma pessoa optou por pegar financiamento no Banco A, que lhe oferecia 10% a mais de financiamento que o Banco B, onde era correntista e já possuía um valor de crédito pré-aprovado. No Banco A as exigências e os prazos eram maiores. Como a compra do novo imóvel foi casada com a venda do imóvel atual, havia uma cláusula no contrato da venda de prazo para entrega do imóvel, que se não fosse cumprida geraria multa. Aconteceu que o Banco A demorou em excesso para liberar o financiamento e a pessoa teve de pagar a multa contratual pela demora. Num primeiro momento, o que parecia vantagem (ou 10% a mais do valor financiado) se transformou em desgaste e prejuízo.

Informe-se sobre tudo que puder antes de fazer um financiamento. Não faça financiamentos com pressa ou ansiedade, ou poderá transformar o sonho em pesadelo.

Tipos de financiamento para a casa própria

No financiamento do imóvel, o sistema de amortização é que define a forma de cálculo da prestação. Dependendo da linha de financiamento que você contratar com a Caixa Econômica Federal (CEF), poderá optar por um destes sistemas:

- SAC (Sistema de Amortização Constante): Consiste em um sistema de amortização em prestações periódicas, sucessivas e decrescentes em progressão aritmética, em que o valor da prestação é composto por uma parcela de juros uniformemente decrescente e outra de amortização que permanece constante.
- SACRE (Sistema de Amortização Crescente): Esse sistema foi desenvolvido com o objetivo de permitir maior amortização do valor emprestado, reduzindo-se, simultaneamente, a parcela de juros sobre o saldo devedor.
  A prestação inicial, no SACRE, pode comprometer até 30% da renda, enquanto no sistema Price (abaixo) o comprometimento inicial é de até 25%. Entretanto, ao longo do contrato verifica-se que, a partir de um determinado período de recálculo, o valor da prestação calculada no sistema SACRE começa a diminuir, ao passo que o do sistema Price aumenta sempre.
- Tabela Price (Sistema Francês de Amortização): Nesse sistema as parcelas são calculadas de forma a terem sempre o mesmo valor do início ao fim do financiamento. A amortização é crescente e por isso no início ela é pequena; com isso o saldo devedor demora mais para diminuir de forma significativa.

Financiamento em atraso

Se você já fez um financiamento e está com dificuldades para pagar, o que pode fazer? Tente renegociar para que seu imóvel não corra o risco de ir a leilão. É possível fazer alguma renegociação, esticando o prazo de pagamento para reduzir a parcela – porém, este caminho resolveria sua situação apenas no momento. No longo prazo, se não eliminar a causa da dificuldade financeira, você voltará a ter problemas.

Reúna a família e, juntos, analisem se a dificuldade para pagar o financiamento provém de uma questão contratual ou uma momentânea dificuldade financeira. Se for uma questão contratual pela qual os reajustes são sempre maiores do que o aumento de sua receita, é preciso uma ajuda jurídica especializada, como a da Associação Brasileira de Mutuários (ABMH) ou do Procon de sua cidade. Se for uma questão momentânea, tente negociar as parcelas em aberto, deixando-as para o final do financiamento.

É possível também usar o Fundo de Garantia por Tempo de Serviço (FGTS) para quitar parte da dívida do financiamento do imóvel, gerando uma redução no valor da parcela. É preciso que o financiamento esteja em nome de quem tem a conta vinculada ao FGTS e atenda aos requisitos, como período mínimo de três anos de trabalho sob regime do FGTS. As prestações devem estar em dia na solicitação do uso do fundo para amortização.

Para mais informações acesse: http://www.caixa.gov.br/habitacao.

Financiamento para portadores de necessidades especiais

Alguns bancos como CEF e Nossa Caixa, agora Banco do Brasil, possuem uma linha de crédito com taxas de juros acessíveis para portadores de necessidades especiais.

O financiamento se destina à aquisição de equipamentos, bens e/ou serviços tais como: prótese, órtese, aparelho ortopédico, cadeira de rodas, cadeira para banho, aparelho auditivo, telefone especial, software especial, impressora em braile, elevador residencial, camas motorizadas, inaladores, andadores, calculadora especial, relógios em braile e falados, teclado especial, adaptadores de veículos, entre outros equipamentos. Pesquise esta linha de crédito, compare com outras linhas convencionais e decida pelo melhor custo-benefício.

9

POUPAR PARA INVESTIR E MULTIPLICAR SEUS RECURSOS

"Embora sejamos impotentes para reescrever a História, somos infinitamente poderosos, através do conhecimento e da criatividade, para reinventar o futuro."

Deborah L. Price em Terapia do dinheiro

Quando falamos em investimento logo nos vêm à mente os investimentos bancários.

Há vários tipos de investimentos:

- Investir em um negócio próprio
- Investir em produtos bancários como caderneta de poupança, CDB, fundos
- Investir no tesouro direto
- Investir em ações da Bolsa de Valores

Seja qual for o tipo de investimento, é importante ter em mente o real conceito de investimento.

Investimento implica em multiplicar seu dinheiro em um período de tempo, considerando a incerteza de rentabilidade, também conhecida como risco.

Investir não é:

- Comprar casa para morar e carro para uso pessoal: A casa onde moramos é um bem de consumo, assim como o carro que utilizamos para família, a casa de praia ou o sítio para uso próprio. São bens que temos, mas que não nos geram recursos financeiros; portanto, não são investimentos.
- Comprar carro por consórcio: Compra planejada na qual você paga uma taxa de administração.

- Comprar título de capitalização: Também não é investimento, já que ao final do prazo seu dinheiro estará de volta sem rendimentos, apenas com a correção monetária. Quem quer poupar de fato deve fazer uma poupança mensal programada, em vez de comprar esses títulos que nos atraem pela ideia de ganho em sorteios.

O que devemos saber antes de decidir qual investimento escolher

Perfil do investidor:

- Conservador: Prefere abrir mão da rentabilidade para não correr o risco de perdas de capital. É geralmente o perfil de quem investe em caderneta de poupança, renda fixa, CDB, tesouro direto.
- Moderado: Aceita flutuações de preços desde que haja perspectivas de ganhos moderados. Investe em fundos que mesclam títulos de baixo risco com ações da bolsa através de fundos.
- Arrojado: Seu foco está em lucros elevados e aceita correr o risco em investimentos de resultado incerto. Investe direto na Bolsa de Valores.

Liquidez: Grau de facilidade em transformar o investimento em dinheiro no seu bolso novamente. Leve em consideração o prazo em que precisará utilizar o dinheiro para decidir:

Caderneta de poupança +
Fundos de renda fixa ↑
Ouro
Fundos de ações
Ações na Bovespa
Imóveis urbanos
Imóveis rurais
Negócios próprios

Rentabilidade: Quanto você receberá pela aplicação depois de descontados os impostos e a inflação no período. Verifique também as taxas de administração, performance ou carregamento se houver. Todas elas reduzem os seus ganhos.

Prazo: O tempo que você terá de esperar para ter o retorno desejado e resgatar seu dinheiro.

Risco: É o grau de incerteza da rentabilidade (retorno) de um investimento. Existem investimentos com risco alto, médio ou baixo:

Caderneta de poupança ↓
Fundos de renda fixa
Ouro
Fundos de ações
Ações na Bovespa
Imóveis urbanos
Imóveis rurais
Negócios próprios +

De acordo com seu perfil de investidor você deverá escolher o tipo de risco que está disposto a correr para obter ganhos. Para investir na Bolsa de Valores ou em negócio próprio, por exemplo, é preciso ter perfil arrojado.

A maior dificuldade das pessoas hoje no Brasil é assumir riscos. Diante da crise mundial, com queda significativa nas bolsas do mundo inteiro, quem já tinha medo agora tem pavor do risco.

Risco não é sinônimo de perda, mas de incerteza de ganhos.

Com a queda dos juros e da inflação, só obterá ganhos maiores quem aceitar correr riscos maiores.

É preciso informação. Nosso medo aumenta com o desconhecido. Conhecendo os riscos reais e o que fazer nos períodos de baixa, pode-se administrar os recursos, reduzindo perdas e garantindo um ganho certo a longo prazo.

Administrar riscos ao longo da vida

Há períodos da vida em que podemos correr riscos maiores e há períodos em que não devemos mais arriscar, optando apenas por investimentos conservadores. Que fases são essas?

Vamos traçar uma linha do tempo com suas prioridades financeiras, considerando que se trata de um trabalhador assalariado pela CLT que possui plano de saúde pela empresa.

18-25 anos	26-35 anos	36-40 anos	41-50 anos	51-65 anos	após os 65 anos
Período para arquitetar o futuro. Cursar faculdade, adquirir fluência em língua estrangeira e também se divertir.	Período para assumir riscos com investimentos mais rentáveis. 37% a 46% dos seus investimentos podem ser de alto risco. Carreira profissional. Casamento. Filhos.	Período de estruturação da carreira e da família. Reduzir riscos dos investimentos. 35% dos seus investimentos podem ser de médio ou alto risco. Ter um seguro de vida.	Período de conquistas profissionais, possibilitando melhores receitas. Reduzir riscos e aumentar o valor dos investimentos. 20% a 30% dos seus investimentos podem ser de médio risco. Ter um seguro de vida.	Período de colher frutos da boa administração da carreira e das finanças. 100% dos seus investimentos devem ser de baixo risco. Ter um seguro de vida.	Usufruir o que conquistou. Exercer uma atividade que lhe dê prazer. Sem filhos dependentes de sua renda, poderá reduzir o valor do seguro de vida.

Aconselhamos a redução de riscos nos investimentos à medida que a idade aumenta. Com uma expectativa de vida em torno de oitenta anos, é preciso ir administrando o risco dos investimentos com o passar do tempo.

Pequenas quantias no dia a dia

É comum as pessoas dizerem que não sobra dinheiro para poupar, que a vida está difícil e poupar é praticamente impossível. Para poupar é preciso ser proativo. Não espere sobrar: faça sobrar.

Como fazer: Aplicando o CDE no seu orçamento, você deve ter decidido reduzir algumas despesas através de algumas ações. Acredito que com boa vontade e disciplina será possível reduzir de 10% a 20% do seu orçamento. Com esse valor você poderá iniciar seu plano de investimentos. De grão em grão se esvazia o saco.

Considerando algumas despesas semanais na vida de um casal:

Despesas	Valor semanal (R$)	Valor mensal (R$)	Valor semestral (R$)	Valor anual (R$)
Cafezinho ou um salgado por dia	7,50	30	180	360
Manicure uma vez por semana	10	40	240	480
Cervejinha com amigos uma vez por semana	15	60	360	720
Total	**32,50**	**130**	**780**	**1.560**

Se forem reduzidas pela metade essas despesas semanais, aparecerão R$ 65 por mês para investir. Veja a seguir como esse dinheiro poderá se multiplicar.

Vantagens a longo prazo

Veja como pequenas quantias somam grandes valores no decorrer do tempo.

Considerando um retorno de 0,5% de juros a.m. em um investimento, temos os resultados a seguir.

Valor poupado e investido por mês (R$)	Valor poupado e investido durante 17 anos	Valor com juros de 0,5% a.m. acumulados em 17 anos	Valor poupado e investido durante 17 anos
65	13.260	22.960,03	478,33
100	20.400	35.323,10	735,90
200	40.800	70.646,22	1.471,80
300	60.000	105.969,33	2.207,70
400	80.000	141.292,45	2.943,50

Para investir

- Defina seus objetivos com relação ao investimento para escolher a melhor opção dentro do prazo desejado e do seu perfil de investidor.

- Seja disciplinado e invista com regularidade.
- Busque o máximo de informações antes de decidir qual investimento fará. Informe-se sobre cenário econômico, tendências, taxa Selic, inflação, quais impostos incidem no resgate, se há taxas de administração, carregamento.
- Nunca faça um investimento sem antes ler o folheto com as regras ou o contrato.
- Não coloque todos os ovos na mesma cesta: diversifique os investimentos para minimizar riscos.
- Tenha sempre uma cópia do documento da aplicação com você.

A) Tipos de cestas diferentes

Ao tentar seguir a regra de não colocar todos os ovos na mesma cesta, ou seja, diversificar seus investimentos, nem sempre fica claro quais são as cestas diferentes.

Aqui relacionamos as cestas com os principais investimentos que abrangem:

1. Renda fixa
    - Caderneta de poupança
    - CDB
    - Fundos DI
    - Fundos de renda fixa
    - Títulos públicos
2. Renda variável
    - Ações
    - Fundo de ações
3. Ativos reais
    - Imóveis
    - *Commodities*

B) Quadro de investimentos

	Caderneta de poupança	CDB	Fundos DI	Fundos renda fixa	Títulos públicos	Fundo de ações	Ações
Liquidez	alta	média-alta	alta	alta	média	média	variável
Rentabilidade	0,5% + TR	taxa de juros ou ligada a um indexador	taxa DI	taxa de juros	taxa de juros	variável	variável
Risco	baixo	baixo	baixo	baixo	baixo	alto	alto
Prazo	curto	variável	curto	curto	variável	longo	longo
Imposto	isento	IR na fonte	IR na fonte	IR na fonte	IR na fonte	IR na fonte	IR na fonte

O investimento em imóveis requer conhecimento prévio deste mercado e um capital exclusivo para investir, já que a liquidez é muito baixa. A compra e a venda de imóveis possibilita bons ganhos através de uma boa compra. A venda é regulada por valores de mercado. Se você precisa reaver o dinheiro a curto prazo, escolha outra opção para investir.

Previdência privada

No livro *Saiba mais para gastar menos – Trabalhando sua inteligência financeira,* fizemos algumas colocações importantes sobre previdência privada que repassamos em parte.

O que é previdência privada? É uma forma de garantir uma renda complementar para manter seu padrão de vida durante a aposentadoria. Considerando que hoje o valor máximo que a Previdência Social paga a um aposentado é R$ 3.418,15, se você tem uma renda acima desse valor vai precisar complementá-la com um plano de previdência privada.

A carteira de investimentos desses planos varia desde 100% de renda fixa até 49% com renda variável, permitindo ao investidor escolher o plano mais adequado ao seu perfil.

A vantagem de investir em previdência privada é que o imposto de renda é recolhido somente na hora do resgate, e não mensalmente, como em outros fundos de investimentos. As desvantagens são as taxas de administração (cobradas anualmente) e de carregamento até um período do investimento.

Há uma variação entre os diversos bancos sobre a contribuição inicial para os planos abaixo. Verifique no seu banco e veja se essa contribuição cabe no seu orçamento.

PGBL – Plano Gerador de Benefícios Livres: Indicado para pessoas físicas que fazem a declaração completa do imposto de renda, pois permite uma redução de até 12% da sua renda tributável. Resgates poderão ser feitos a partir de sessenta dias.

VGBL – Plano Vida Gerador de Benefícios Livres: Indicado para pessoas físicas que fazem a declaração simplificada do imposto de renda ou são isentos. Resgates poderão ser feitos a partir de doze meses.

Custos básicos: a taxa de carregamento sobre as contribuições mensais e aportes, de 1% a 5%, e a taxa de administração, que varia de 1,5% a 5% a.a. – existem empresas que cobram até 10% a.a. Essa taxa é cobrada sobre o capital total, o que inclui os rendimentos. Muita atenção nesse ponto. São taxas caras, que podem prejudicar muito o rendimento da carteira (fonte: ANAPP – Associação Nacional de Previdência Privada).

Em função das taxas de carregamento, esses investimentos, apesar de permitirem, não devem ser movimentados antes de cinco anos para evitar perdas. Considerando que o investimento tem como finalidade complementar sua renda na aposentadoria, é uma aplicação de longo prazo.

Tenha sempre em mente que o melhor investimento é aquele que o leva ao encontro de seu objetivo mais rapidamente e sem sofrimento.

BIBLIOGRAFIA

Blanco, Sandra. *Mulher inteligente valoriza o dinheiro, pensa no futuro e investe*. Rio de Janeiro: Qualitymark, 2003.

Cerbasi, Gustavo. *Como organizar sua vida financeira*. Rio de Janeiro: Campus Elsevier, 2009.

Cerbasi, Gustavo. *Investimentos inteligentes*. Rio de Janeiro: Thomas Nelson Brasil, 2008.

Clason, George S. *O homem mais rico da Babilônia*. 14 ed. Rio de Janeiro: Ediouro, 2005.

Eid Junior, William; Garcia, Fabio Gallo. *Como fazer o orçamento familiar*. 4 ed. São Paulo: Publifolha, 2005.

Price, Deborah L. *Terapia do dinheiro*. Rio de Janeiro: Best Seller, 2001.

Toledo, Elaine. *Saiba mais para gastar menos – Trabalhando sua inteligência financeira*. São Paulo: Alaúde, 2006.

SITES ÚTEIS

Banco Central do Brasil

www.bcb.gov.br

Portal InfoMoney

www.infomoney.com.br

Calculadoras

Toledo Cursos

www.toledocursos.com.br

Planilha do Orçamento
Eficaz para download.